EL FASCINANTE MUNDO DE

LOS CASTORES
Y LOS TOPOS

 Parramón

EL CASTOR: UN TRABAJADOR INFATIGABLE

Cuando el castor edifica su vivienda puede llegar a modificar el paisaje. Su forma de vida y sobre todo las espectaculares construcciones que realiza despertaron pronto el interés del hombre por estos animales.

El castor pertenece al orden más numeroso de los mamíferos: el de los **roedores**, de los que existen más de 1.500 especies repartidas por todo el mundo.

Lo que primero llama la atención del castor es su ancha cola; es aplanada, desprovista de pelo y se halla recubierta de escamas como las aletas de un pez.

Como todos los roedores, el castor posee incisivos muy agudos, con los que es capaz de derribar grandes árboles. Los incisivos no dejan de crecer para compensar el desgaste producido por el uso.

Para moverse con más rapidez en el agua, tiene los dedos de las patas traseras unidos por una membrana.

El castor cierra las orejas y las ventanillas de la nariz cuando se sumerge, y nada moviendo la cola y las patas posteriores.

Derecha: El castor vive a orillas de ríos y lagos y encuentra su hábitat ideal en las zonas boscosas, donde tiene asegurado su alimento a base de hojas, y en las que encuentra suficientes reservas de ramas y troncos, el material con el que edifica su cabaña en el agua y con el que construye el dique.

PATA TRASERA

PATA DELANTERA

Derecha: Características anatómicas del castor son la cola, que utiliza como timón para nadar, las patas traseras, con las que se impulsa, y los agudos incisivos.

COLA

PATAS TRASERAS

PATAS DELANTERAS

CASTOR Y ESQUELETO DE LA CABEZA

INCISIVO

UNA CABAÑA EN EL AGUA

Ningún otro animal, aparte del hombre, puede compararse con el castor a la hora de construir su refugio.

Los castores utilizan en sus extraordinarias construcciones ramas, troncos, piedras, barro y también plantas acuáticas.

Acumulan estos materiales en el fondo de un río o de una laguna, hasta formar un gran montículo que sobresale en la superficie del agua. Esta extraordinaria construcción puede medir más de 4 metros en la base y sobrepasar los 2 metros de altura.

En su interior la madriguera consta de una cámara central situada por encima del nivel del agua y una, o varias, entradas subacuáticas. Dicha cámara está tapizada con virutas de madera y hierba seca y tiene una pequeña chimenea en el techo para la ventilación.

Esta vivienda, que puede estar en la orilla o en el centro del agua, es muy sólida y sólo se puede acceder a ella buceando.

Sin embargo, los castores no siempre realizan estas espectaculares construcciones. A veces, viven en sencillas madrigueras, parecidas a las que utilizan las nutrias; constan de un simple túnel ascendente que desemboca en una cámara seca y confortable.

Estos refugios están excavados en los márgenes de ríos y lagos y tienen la entrada bajo el agua.

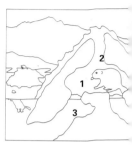

Derecha: En la parte central de la cabaña del castor se halla la cámara nido **1**, que posee una chimenea de ventilación **2**. La madriguera dispone de una o de varias entradas subacuáticas **3**.

Abajo y derecha: Los castores también viven en madrigueras excavadas en tierra. Estos refugios se hallan situados generalmente en la orilla del río o el lago donde vive el castor. La entrada se encuentra bajo el agua, como en la cabaña construida con troncos.

GRAN CONSTRUCTOR DE DIQUES

En los lugares donde el agua fluye tranquila y su nivel se mantiene constante, la vivienda de los castores no corre peligro.

Sin embargo, cuando la corriente es fuerte o la profundidad no es la adecuada, los castores se ven obligados a preparar barreras que regulen el caudal.

Para ello colocan grandes troncos, horizontalmente, en el lecho del río y clavan ramas y palos en el fondo, que servirán de puntal.

A continuación rellenan esta estructura con piedras, ramitas y barro, de forma que no quede ningún resquicio.

Estos diques provocan la subida del agua y forman un embalse, con el nivel suficiente para que la entrada quede sumergida pero sin que se inunde la cámara.

Los diques actúan como un muro de contención, ayudando a mantener el nivel de agua adecuado; si éste aumenta mucho, los castores abren vías de escape.

La presa, que puede medir más de 1 metro de altura y 100 metros de largo, necesita un mantenimiento constante. Cuando sufre algún desperfecto, el castor la repara añadiendo más material en el lugar de la rotura.

Abajo: A través de este esquema puedes seguir la compleja labor que lleva a cabo el castor para construir su vivienda. Si existe el riesgo de que la corriente haga peligrar su cabaña, construye también un dique.

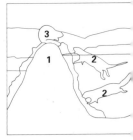

Derecha: El dique 1 que levanta el castor forma una presa, en la que la cabaña está siempre rodeada de agua. Para construir el dique, los castores transportan pequeñas ramas 2; añaden piedras, hojas y barro que amasan ellos mismos 3.

CÓMO CONSTRUYE EL CASTOR EL DIQUE Y SU VIVIENDA

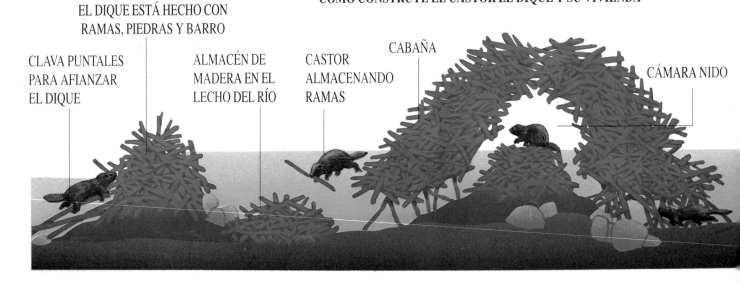

EL DIQUE ESTÁ HECHO CON RAMAS, PIEDRAS Y BARRO

CLAVA PUNTALES PARA AFIANZAR EL DIQUE

ALMACÉN DE MADERA EN EL LECHO DEL RÍO

CASTOR ALMACENANDO RAMAS

CABAÑA

CÁMARA NIDO

UNA FAMILIA DE CASTORES

Los castores suelen vivir en familia, lo que los diferencia de la mayoría de roedores; puede haber entre cinco y doce castores en cada madriguera, contando a los padres, las crías recién nacidas y los jóvenes menores de dos años.

Cada familia ocupa un territorio, que señala dejando marcas olorosas entre la vegetación o sobre las piedras de los alrededores.

La pareja puede permanecer junta durante toda la vida y, a veces, la misma madriguera sirve de cobijo a varias generaciones de castores.

A finales de primavera nacen las crías, de tres a cinco completamente formadas y con los ojos abiertos. Al poco tiempo, ya son capaces de flotar en el agua, pero esto no debe sorprendernos, puesto que se trata de un animal muy bien adaptado al ambiente acuático.

Sin embargo, todavía pesan muy poco para poder bucear, de modo que no pueden alcanzar la salida. Cuando tienen uno o dos años de edad, los jóvenes castores abandonan la vivienda y van en busca de un lugar donde instalarse y formar su propia familia.

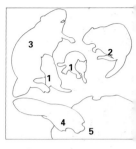

Derecha: Los castores viven en grupos formados por las crías nacidas durante el año **1**, crías de uno o dos años **2**, la madre **3** y el padre **4**, que en la ilustración se sumerge en el canal **5** de la cabaña.

Derecha: Las crías de castor aprenden a nadar poco después de nacer. Pero mientras son jóvenes, se bañan bajo la vigilancia de sus padres, pues no saben bucear para alcanzar la salida de la madriguera.

EXPERTOS LEÑADORES

Para construir la cabaña y los diques, los castores necesitan mucha madera.

Cuando los troncos son delgados sólo los roen por un lado, pero para talar los árboles más gruesos utilizan otra táctica.

Van royendo el tronco todo alrededor con sus potentes incisivos, hasta que la unión entre las dos partes se hace tan delgada que el árbol se derrumba; siempre cae del lado que más pesan las ramas.

A veces, necesitan emplear más de un día para echarlos abajo.

Una vez derribado, devoran las hojas y las ramas más tiernas; el resto lo almacenarán o lo utilizarán en sus construcciones.

Corta con preferencia sauces, álamos y alisos, en los que sus dientes suelen dejar sus marcas características.

Cuando derriba un árbol grande, el castor corta los troncos y las ramas más gruesas en trozos de uno o dos metros.

Tanto estos trozos como ramas más delgadas las transporta después al río o al lago donde tiene su madriguera.

Para ello, excava pequeños surcos o aprovecha los canales que unen unas lagunas con otras. De este modo, puede transportar los troncos nadando, con menos esfuerzo.

CASTOR TRANSPORTANDO UN TRONCO

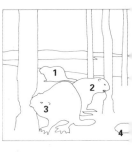

Derecha: El castor roe las ramas 1 y los troncos delgados 2 en escasos segundos. Los troncos gruesos los roe alrededor 3; el tocón tiene un corte en bisel 4.

ÁRBOLES PREFERIDOS DEL CASTOR

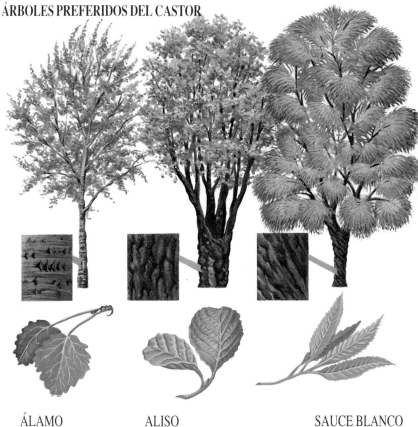

ÁLAMO   ALISO   SAUCE BLANCO

UN ALMACÉN DE MADERA

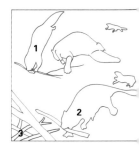

Los árboles proporcionan al castor alimento y material para realizar sus elaboradas construcciones.

Los castores son herbívoros; esto significa que se alimentan exclusivamente de vegetales.

Comen desde raíces, plantas acuáticas y brotes, hasta ramas y hojas.

Durante los meses fríos, los castores no hivernan, por eso almacenan bajo el agua gran cantidad de madera para pasar el invierno.

En otoño recogen muchas ramas y las clavan en el fondo, cerca de la madriguera.

Debido a la baja temperatura del agua, unos cero grados centígrados, la madera no se pudre.

¿Has intentado alguna vez abrir la boca mientras estás buceando?

Los castores son capaces de transportar ramas y pequeños troncos cuando están sumergidos, sin que les entre agua en los pulmones.

Su dieta varía con las estaciones; en primavera y verano consumen una gran variedad de vegetales: plantas acuáticas, hojas, raíces o algas.

En invierno, en cambio, se alimentan sobre todo de ramas y cortezas de árbol; y también de las reservas de grasa que han acumulado en su cuerpo.

Abajo: El castor es un gran nadador. Bucea con extraordinaria habilidad, manteniendo las patas delanteras pegadas al cuerpo. Se impulsa con las patas traseras, que poseen una membrana entre los dedos. Su curiosa cola, que puede medir hasta 14 cm de anchura, posee función de "timón" para cambiar de dirección.

Derecha: Los castores realizan un transporte incesante de ramas y pequeños troncos [1] –que cortan previamente– y los almacenan en los lechos de los lagos y ríos donde viven [2], formando grandes montones [3].

UN REFUGIO SEGURO

En invierno dentro de la cámara la temperatura es más alta que en el exterior; la madriguera actúa de aislante y les permite sobrevivir durante los meses fríos.

Antes de que lleguen las primeras heladas los castores añaden más material a su cabaña.

Preparan además túneles de emergencia que les permitan salir a tierra aunque se hiele la superficie del estanque.

Al tener la entrada debajo del agua, la madriguera les sirve también para protegerse de los grandes carnívoros como el lobo y el oso. Cuando un castor advierte la presencia de un depredador, da la señal de alarma golpeando con su cola la superficie del agua repetidas veces.

El ruido alerta a los demás miembros de la familia, que se zambullen rápidamente, refugiándose en la guarida.

En caso necesario, pueden permanecer sumergidos hasta quince minutos.

Sin embargo, estas viviendas aparentemente tan seguras no le sirven para ocultarse del hombre, su peor enemigo.

La destrucción de su hábitat (contaminación del agua, tala excesiva de árboles, etc.) y la caza de que ha sido objeto para obtener su valiosa piel han hecho que disminuya mucho el número de castores.

De las dos especies que existen, el europeo es el menos numeroso. Actualmente los castores están protegidos por la ley.

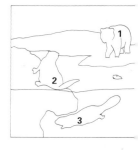

Derecha: Ante la presencia de un enemigo **1**, el castor golpea el agua con la cola **2**. La señal de alarma alerta a los demás miembros de la familia, que huyen al interior de la cabaña **3**.

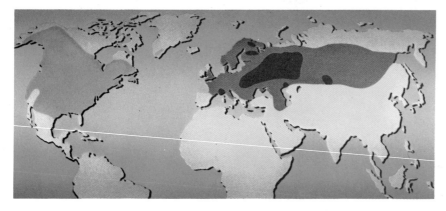

Izquierda: Hace años el castor vivía en toda Europa, Asia Central y América del Norte. En la actualidad, casi ha desaparecido de Europa, aunque aún vive en los países nórdicos, Rusia, Europa Central y Francia.

Arriba: Cuando la superficie del agua se hiela durante el invierno, los castores disponen de salidas de emergencia, por las que pueden llegar a la orilla.

EL TOPO: TODA LA VIDA BAJO TIERRA

Los topos son animales muy conocidos aunque difíciles de estudiar, ya que pasan la mayor parte de su vida bajo tierra; sólo en contadas ocasiones abandonan sus galerías subterráneas.

A veces, el agua inunda los pasadizos donde viven, pero esto no representa ningún peligro para los topos, que saben nadar bastante bien.

Para instalar su vivienda, prefieren las zonas donde la tierra es blanda y fácil de excavar, evitando los lugares pedregosos o muy secos.

Las zonas con demasiada arena tampoco les convienen, ya que sus galerías se desmoronarían con facilidad.

Sus construcciones subterráneas sólo son comparables a las que realizan las hormigas o las termitas.

Los topos tienen las patas anteriores muy anchas, con fuertes garras en los dedos; son como grandes palas que utilizan en la excavación de largos túneles.

En su mundo subterráneo la vista no es un sentido muy necesario. Por eso los ojos del topo son pequeños y, aunque no son ciegos, su vista no es muy buena. El olfato y el tacto, en cambio, están muy desarrollados y les resultan imprescindibles para orientarse en la oscuridad de su guarida; por el olor pueden también localizar a sus presas, incluso desde lejos.

Los topos son también capaces de percibir las vibraciones que se producen al ser removida la tierra; esto les permite notar la presencia de enemigos.

Izquierda: Una de las patas delanteras que el topo utiliza para excavar. Como ves, está desprovista de pelos.

Derecha: El topo es un extraordinario constructor de galerías y túneles subterráneos. Excava utilizando alternativamente ambas manos, pero sin hacer intervenir el hocico, que es muy sensible. Su capacidad para excavar es enorme: puede remover 10 kilos de tierra en media hora.

TOPO NADANDO

UN TOPO MUY CURIOSO

Los topos son animales muy bien adaptados a la vida subterránea. Pertenecen al orden de los **insectívoros**, igual que el erizo o la musaraña.

Su cuerpo está cubierto por un espeso pelaje, de color negro o gris, que recuerda al terciopelo. Los pelos pueden disponerse en cualquier dirección, lo que les permite avanzar y retroceder con la misma facilidad dentro de los túneles que excavan.

Existen distintas especies de topos. El más conocido es el **topo común**, que vive en prados y bosques de gran parte de Europa y Asia. En Norteamérica existe un topo muy curioso, que tiene una corona de tentáculos sensoriales alrededor del hocico; son 22 apéndices, colocados en forma de estrella, que pueden moverse independientemente unos de otros y tienen función táctil.

Esta especie recibe el nombre de **topo estrellado**.

Su cola es más larga que la del topo común y en ella almacena grasa como reserva para el invierno.

La guarida del topo estrellado tiene, a veces, una salida bajo el agua y su dieta incluye muchos animales acuáticos, como pequeños peces o crustáceos.

DISTRIBUCIÓN DEL TOPO ESTRELLADO Y DEL TOPO COMÚN

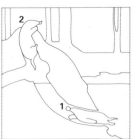

Derecha: El topo estrellado vive en zonas húmedas y pantanosas. Su guarida tiene una galería bajo el agua **1**, aparte de salidas en tierra **2**, como el topo común.

TOPO ESTRELLADO

TENTÁCULOS

TOPO COMÚN

UN INGENIOSO SISTEMA DE GALERÍAS

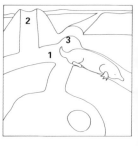

E l topo vive en una complicada y extensa red de galerías, que pueden alcanzar varios metros de longitud.

A través de ellas, se mueve bajo tierra y va de caza sin tener que salir a la superficie. Construye también varias cámaras.

La habitación central es el nido, donde el topo cría a sus hijos. Excava además cámaras de aprovisionamiento, donde almacena alimento para el invierno.

Al extraer la tierra se forman, en el exterior, unos montículos de tierra muy característicos: son las **toperas**, que delatan la presencia del topo bajo tierra.

Pueden medir desde unos pocos centímetros las más pequeñas, hasta más de medio metro. Las más voluminosas corresponden al nido o a la cámara donde se refugia en invierno.

Los túneles tienen el tamaño justo para que pueda circular el topo, que roza con las paredes al pasar. Pueden estar excavados a distintos niveles. Las galerías más profundas son las que forman toperas y pueden hundirse más de 50 cm bajo tierra.

Arriba: Un campo o un jardín excavado por un topo presenta numerosos montículos: los surcos corresponden a las galerías y el montículo más voluminoso –que puede alcanzar medio metro de altura– corresponde al nido.

Derecha: El topo construye complejas redes de galerías, excavadas alrededor del nido ①, con salidas al exterior ② y largos túneles ③ que conducen a los territorios de caza.

SISTEMA DE GALERÍAS DEL TOPO

GALERÍA DE SALIDA

GALERÍA DE SALIDA   NIDO   GALERÍA SIN SALIDA

GALERÍA PERIFÉRICA

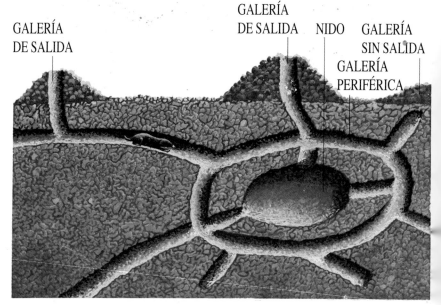

UN NIDO CONFORTABLE

Cada topo ocupa un territorio, más o menos extenso, que defiende de otros animales de su misma especie.

A veces se producen enfrentamientos entre ellos, que pueden acabar con la muerte de uno de los dos contendientes.

Los topos son animales solitarios, pero en primavera se reúnen y forman parejas.

Los machos cavan largos túneles, que discurren cerca de la superficie, para ir en busca de una compañera.

TÚNELES DE CORTEJO Y CAZA

Abajo: El topo vive solo, a excepción de la época de la reproducción. Si dos topos se encuentran en una época no reproductiva, ya sea en una galería subterránea, ya sea en el exterior, se enzarzan y se enfrentan en un combate a muerte.

Derecha: La hembra cuida de sus crías –suelen nacer entre tres y cinco– en el interior de la cámara nido, especialmente preparada, recubierta con hojas y hierbas secas.

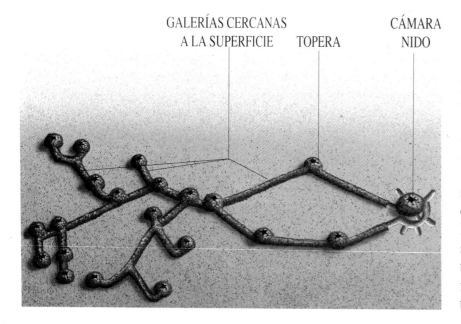

GALERÍAS CERCANAS A LA SUPERFICIE — TOPERA — CÁMARA NIDO

Las hembras suelen tener una camada al año y las crías nacen en un nido.

Se trata de una amplia cámara seca y cálida, con el suelo tapizado con musgo, hojas y hierba.

A principios de verano, nacen de tres a cinco crías, ciegas, sin pelo y de piel sonrosada.

A los catorce días, ya les empieza a salir el pelaje. La madre es la única que cuida de ellos y los amamanta durante las primeras semanas. Unas cinco semanas después de nacer, los jóvenes topos abandonan el nido y salen al mundo exterior; van en busca de un territorio propio donde instalarse.

LOS VORACES TOPOS

El topo se alimenta principalmente de pequeños animales que encuentra bajo tierra. En sus expediciones de caza excava largos túneles en busca de lombrices y larvas de insectos.

También captura otros animales, como caracoles, milpiés o ranas.

Los topos no entran en letargo y para disponer de alimento suficiente durante el invierno almacenan, en cámaras subterráneas, grandes cantidades de lombrices y larvas de insectos.

Para evitar que las lombrices se escapen los topos las inmovilizan de un mordisco, cortándoles la parte anterior del cuerpo.

A menudo los topos construyen sus túneles de caza en jardines y campos de cultivo, donde la tierra es blanda y abunda el alimento.

Si bien el topo atrapa la mayor parte de sus presas bajo tierra, a veces el alimento escasea y debe salir al exterior en su busca.

En su guarida subterránea tiene pocos enemigos, aunque a veces el tejón lo saca de ella.

En cambio, en la superficie existen muchos animales dispuestos a darle caza: la marta, la comadreja, el zorro y también aves, como el cárabo o la lechuza.

LECHUZA

TEJÓN

COMADREJA

Izquierda y abajo: Fuera de su seguro refugio subterráneo, el topo tiene numerosos enemigos, entre ellos, la comadreja y la marta, o aves, como la lechuza.

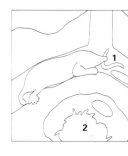

Derecha: El alimento preferido del topo son las lombrices y las larvas de insectos –como la larva del escarabajo sanjuanero [1]–. Los encuentra en abundancia bajo tierra, por lo que puede almacenarlos en cámaras [2] para pasar el invierno.

SIGUIENDO EL RASTRO

Seguir e interpretar el rastro dejado por los animales para observarlos en su hábitat natural y estudiar su comportamiento es difícil.

Como el topo lleva una vida subterránea, sus huellas raras veces se pueden observar; de todas formas, las toperas que forma en el exterior permiten localizarlos fácilmente.

Las construcciones del **topo** discurren a veces bajo campos de cultivo, parques o jardines.

Al excavar, los topos ocasionan daños en las plantas al romper las raíces.

Sin embargo, también pueden resultar beneficiosos: en sus incesantes excavaciones los topos remueven grandes cantidades de tierra, y esto contribuye a airear el terreno.

Las construcciones de otros mamíferos, como el **castor**, pueden modificar el entorno.

Los diques que construyen estos ingeniosos arquitectos influyen sobre el caudal de las aguas; al bloquear su paso crean lagos tranquilos, que pueden favorecer el desarrollo de ciertas especies de animales y plantas. Así, a diferencia del hombre, el castor no deteriora su hábitat natural, aunque modifique el paisaje.

Derecha: Las construcciones que realiza el castor modifican el paisaje, pero los efectos son beneficiosos, pues en las presas que crea se desarrolla la vegetación y viven numerosos insectos. El topo, en cambio, puede dañar las raíces de las plantas, ocasionando daños en campos y jardines. Su trabajo de excavación, sin embargo, también es beneficioso pues contribuye a airear el suelo.

HUELLA DE PATA DELANTERA

HUELLAS DEL CASTOR

Derecha: En las huellas que el topo deja cuando sale al exterior se diferencian claramente las patas delanteras y traseras y el rastro dejado por el cuerpo.

HUELLAS DEL TOPO

Arriba y derecha: Las huellas de las patas delanteras y traseras son diferentes por la membrana que éstas últimas tienen entre los dedos.

HUELLA DE PATA TRASERA

HUELLA DE PATA TRASERA

HUELLA DE PATA DELANTERA

RASTRO DEJADO POR EL CUERPO

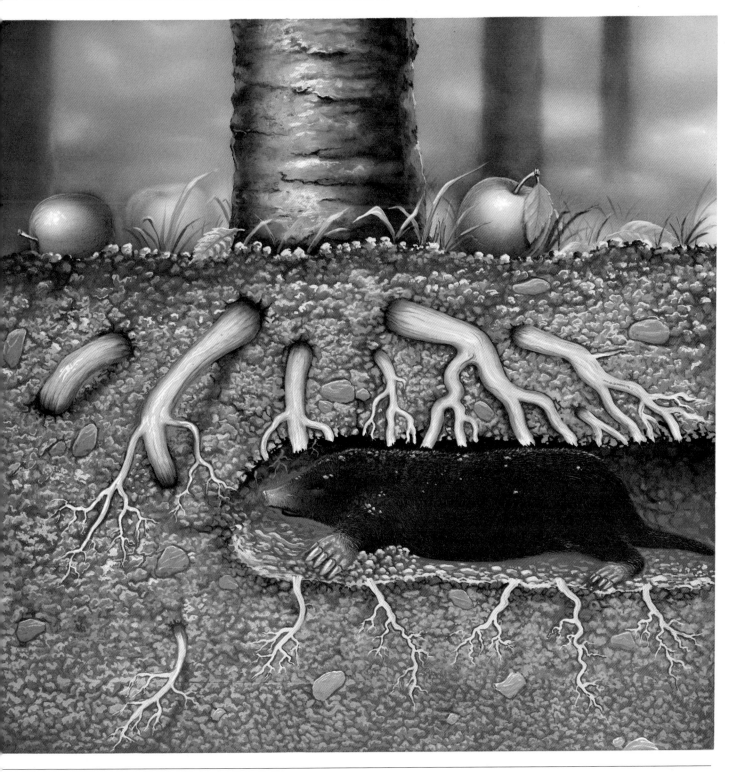

Glosario

brotes. Renuevo joven de un vegetal.

camada. Conjunto de crías que un mamífero tiene de una sola vez.

carnívoro. Animal que se alimenta exclusivamente de carne.

depredador. Se dice de los animales que cazan a otros para su subsistencia.

hábitat. Parte del entorno físico en el que vive un animal.

horticultor. Persona que se dedica al cultivo de plantas.

incisivos. Dientes especializados en cortar situados entre los caninos.

insectívoros. Orden de mamíferos que incluye, entre otros, a erizos, topos y musarañas.

madriguera. Refugio donde vive un animal.

larva. Estadio inmaduro de los insectos y otros invertebrados que se desarrolla a partir del huevo fecundado y que, en muchos casos, sufre una serie de cambios de forma y tamaño antes de adquirir el aspecto de los adultos.

roedores. Orden de mamíferos que se caracterizan por presentar un único par de incisivos en cada mandíbula.

subacuático. Que se encuentra debajo del agua.

subterráneo. Que se encuentra bajo tierra.

territorio. Zona ocupada por un animal, donde vive, caza y generalmente tiene también su vivienda.

topera. Montículo de tierra que se forma en el exterior al acumularse la tierra procedente de las excavaciones de los topos.